Nathalie Nguyen

easy VIETNAM

LES MEILLEURES RECETTES DE MON PAYS TOUT EN IMAGES

Photos : Charly Deslandes
Stylisme : Coralie Ferreira

EASY

MANGO éditions

SOMMAIRE

Xin chào !*

*BIENVENUE !

NATHALIE NGUYEN

Nathalie apprend la cuisine aux côtés de sa mère, issue d'une grande lignée de marchands et de cuisiniers de rue. Après une licence d'audiovisuel, Nathalie devient responsable graphiste et tente alors l'aventure Masterchef où elle termine finaliste à l'âge de 22 ans. Après divers stages dans de grands établissements et une formation au CAP de cuisine et de pâtisserie, Nathalie se lance dans une carrière de chef consultante.
Elle participe à l'ouverture de nombreux établissements dont elle signe la carte, en France, aux États-Unis, à Dubaï ou encore en Chine.
Nathalie est chef du foodtruck *Le Camion Bol* et ses deux camions parcourent Paris pour proposer des plats vietnamiens.

Introduction à la cuisine vietnamienne

La cuisine vietnamienne se reconnaît au nez. Elle est riche, les odeurs sont franches. Chaque plat est composé par un mélange d'herbes et d'épices. Néanmoins, elle est méconnue par rapport à d'autres cuisines asiatiques comme la cuisine chinoise, thaïlandaise ou japonaise. L'explication est simple : la cuisine vietnamienne est une cuisine de femmes. Les secrets culinaires de famille se transmettent de mères en filles pour que celles-ci puissent, un jour, ravir leurs convives et démontrer leurs qualités en tant que femme épouse. Oui messieurs, il paraît donc que je ferais une parfaite épouse...

Les habitudes alimentaires au Vietnam

Manger au Vietnam, c'est avant tout manger accompagné. Les repas sont souvent pris à l'extérieur. Chaque toit abrite généralement trois générations et la salle à manger est, en vérité, souvent bien trop petite pour accueillir tout le monde.

Les restaurants sont des maisons aménagées, ouvertes sur la rue, où l'on vient directement s'installer sur la terrasse des propriétaires pour manger. Et quand la maison des restaurateurs ne permet pas d'accueillir une trop nombreuse clientèle, celle-ci se déplace sur le trottoir, après avoir installé quelques tabourets, des petites tables et un réchaud, créant ainsi un restaurant en pleine rue : la *street food* est arrivée !

Les plats individuels sont rares. Généralement, quelques plats sont disposés au milieu de la table et chacun vient se servir en utilisant ses baguettes, à l'envers pour éviter que la partie de la baguette qui est en contact avec la bouche touche les aliments. Tous les plats sont apportés en même temps et chaque convive prend ce qu'il désire.

Pour les entrées, les plats et les desserts, il n'y a pas de règle. On peut commencer le repas avec des petites assiettes, mais cela est surtout considéré comme un apéritif. Pour les grandes occasions, on termine parfois le repas avec une note sucrée. Sinon, les desserts peuvent être dégustés au milieu de la journée, avant le déjeuner ou dans l'après-midi. Néanmoins, les petits déjeuners et goûters peuvent aussi être salés !

Les Vietnamiens mangent tout au long de la journée – et peuvent se le permettre, leur cuisine étant réputée comme une des plus saines.

Une table vietnamienne parfaite est donc composée de bols et de baguettes pour chacun, divers ramequins de petites sauces pour y tremper ses bouchées et une multitude de petits plats dressés au milieu de la table, le tout en même temps !

Araignée
Cocotte en terre cuite
Wok
Économe ra
Louche

USTENSILES

PHÚ QUỐ
Riz Jasmin
Extra Parfumé
AROY-D
LAIT DE COCO
ECHALOTES FRITS
Hành Phi
黑芝麻油

INGRÉDIENTS

La cuisine vietnamienne aime mélanger les saveurs fraîches herbacées avec des épices à caractère. Voici les indispensables à découvrir. Tous les ingrédients se trouvent facilement dans les boutiques exotiques ou au rayon cuisine du monde des supermarchés. N'hésitez pas également à jeter un œil sur Internet : on peut aujourd'hui se faire livrer de tout !

Gingembre

Ail

Arôme de pandan

Shiitaké

Échalotes frites

Piments rouges

Tamarin

Soja

Lait de coco

Badiane

Clous de girofle

Poivre noir

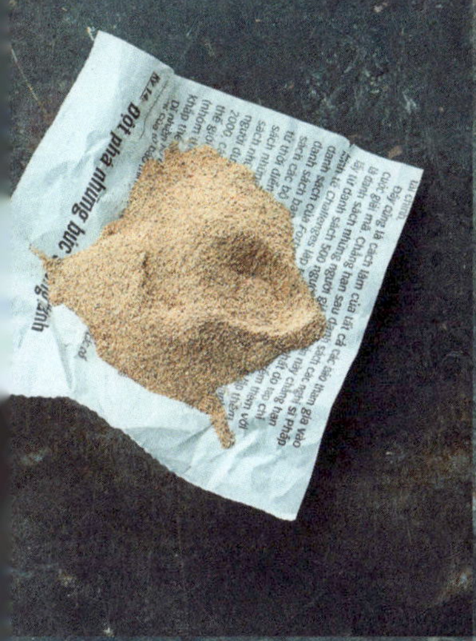
Poivre gris

Cinq-épices

Sésame blanc

Cannelle

Safran

Poudre de saté

Coriandre
Menthe
Feuilles de citronnie
FROZEN LIME LEAVES
Aneth
Citronnelle
Basilic thaï
Ciboule
Ngo gai
Liseron d'eau

Bananes
Ananas
Mangues
Oignons jaunes
Carottes
Citrons verts
Concombres
Champignons noirs
Germes de soja

Riz parfumé

Riz gluant

Vermicelles de soja

Nouilles de blé

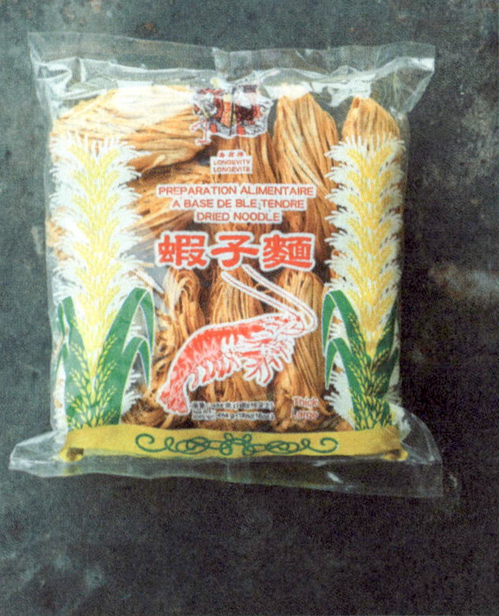

Nouilles de riz

Vermicelles de riz

Galettes de riz

Pâte à ravioles chinoises

Udon

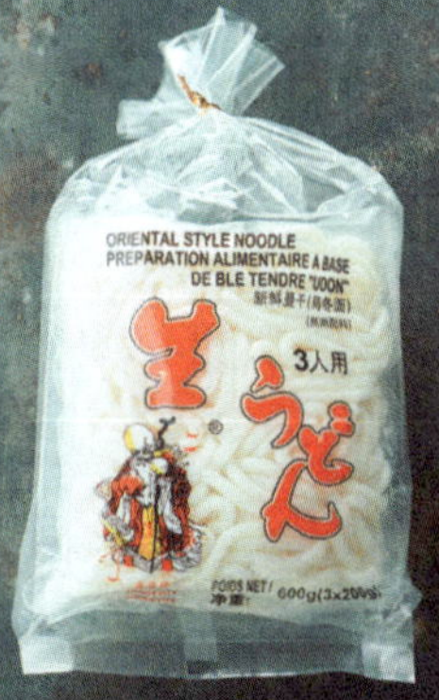

Sauce nuoc-mâm

Sauce soja

Sauce Maggi®

Sauce huître

Vinaigre de riz

Sauce au piment

Huile de sésame

Pâte de crevettes

Sauce hoisin

RICE STIC
PREPARATION ALIMENTAIRE
A BASE DE RIZ
COCK BRAND
MARQUE DEPOSE
Riz Gluan
Poids Net : 1kg
REF : 901278
Produit de Thailande

LES BASES

La base de la cuisine vietnamienne, c'est son bol de riz ou de nouilles. À côté, les plats qui se dégustent du bout des baguettes ont été mijotés dans de délicieuses petites sauces. Pas de panique, rien de difficile à maîtriser ! Voici les bonnes bases pour commencer le voyage.

Préparation : 5 minutes
Cuisson : 15 à 20 minutes

Pour 6 personnes

500 g de riz parfumé

Cuisson du riz parfumé

Lavez le riz 3 fois dans une passoire afin de retirer l'excédent d'amidon, jusqu'à ce que l'eau soit claire, puis égouttez-le.

Cuisson à l'autocuiseur

Déposez le riz lavé et égoutté dans la cuve de l'autocuiseur. Ajoutez de l'eau à hauteur d'une phalange au-dessus du niveau du riz. Fermez le couvercle et faites cuire 20 minutes sous pression.

Cuisson à l'eau

Déposez le riz lavé et égoutté dans une grande casserole d'eau bouillante. Remuez, couvrez et laissez cuire 15 minutes à feu doux.

Préparation : 3 minutes
Cuisson : 3 à 5 minutes

Pour 6 personnes

500 g de vermicelles ou de nouilles

Cuisson des nouilles et vermicelles

Vermicelles de soja

Faites tremper les vermicelles de soja dans de l'eau chaude pendant 5 minutes.
Passez les vermicelles sous un filet d'eau froide puis égouttez-les. Coupez-les à l'aide d'une paire de ciseaux en tronçons de 10 cm environ.

Vermicelles de riz

Déposez les vermicelles de riz dans une grande casserole d'eau bouillante et faites cuire 5 minutes.
Passez les vermicelles sous un filet d'eau froide afin de stopper la cuisson et égouttez-les.

Nouilles de blé

Déposez les nouilles de blé dans une grande casserole d'eau bouillante et faites cuire 3 à 5 minutes (selon les indications du paquet).
Passez les nouilles sous un filet d'eau froide afin de stopper la cuisson et égouttez-les.

Nouilles de riz

Déposez les nouilles de riz dans une grande casserole d'eau bouillante et faites cuire 1 à 2 minutes (selon les indications du paquet).
Passez les nouilles sous un filet d'eau froide afin de stopper la cuisson et égouttez-les.

Thick
Large

Sauce
aigre-douce
Sauce
au gingembre
Sauce
aux cacahuètes
Sauce saté
Sauce
au tamarin

LES SAUCES MAISON

Pour 20cl de sauce

Sauce aigre-douce

1 cuillerée à café de concentré de tomate
10 cl de bouillon de volaille
1 cuillerée à café de sauce soja
1 cuillerée à café de sauce au piment
1 petite gousse d'ail
1 citron vert
½ cuillerée à café de fécule de maïs
1 cuillerée à café de vinaigre de riz
1 cuillerée à café de sucre semoule

Pelez et hachez la gousse d'ail.
Pressez le citron vert.

Dans une casserole, déposez tous les ingrédients et faites chauffer la sauce 5 minutes à feu doux en fouettant.

Sauce au gingembre

20 g de gingembre frais
2 gousses d'ail
1 piment rouge
10 cl de sauce nuoc-mâm
10 cl de jus de citron vert
1 cuillerée à café de sucre semoule

Pelez le gingembre et les gousses d'ail.

Dans un mortier, écrasez au pilon les gousses d'ail, le gingembre et le piment avec le sucre, le nuoc-mâm et le jus de citron vert.

Sauce aux cacahuètes

5 g de cacahuètes grillées salées
2 gousses d'ail
Le jus de 1 citron vert
2 cuillerées à soupe de sauce hoisin
1 cuillerée à soupe de beurre de cacahuètes
1 cuillerée à soupe d'huile d'arachide

Pelez et hachez les gousses d'ail.
Concassez les cacahuètes.

Dans une casserole, faites légèrement dorer l'ail avec l'huile d'arachide. Ajoutez la sauce hoisin et le beurre de cacahuètes. Mélangez et faites revenir à feu doux 5 minutes. Éteignez le feu et ajoutez le jus de citron vert. Parsemez de cacahuètes concassées.

Sauce saté

1 cuillerée à café de poudre de saté
2 cuillerées à café de sauce nuoc-mâm
1 cuillerée à café de sauce soja
5 cl de bouillon du phô
½ oignon jaune
10 cl d'eau
1 cuillerée à café d'huile d'arachide

Pelez et ciselez l'oignon.

Dans un wok, faites revenir l'oignon avec l'huile d'arachide jusqu'à ce qu'il soit doré. Ajoutez l'eau, le bouillon du phô, la poudre de saté, les sauces soja et nuoc-mâm. Fouettez et laissez réduire 5 minutes à feu vif.

Sauce au caramel

10 cl d'eau
10 cl de jus de coco
150 g de sucre semoule

Dans une casserole, versez l'eau et le sucre puis faites caraméliser à feu moyen sans remuer.
Dès que le caramel est légèrement brun, versez doucement le jus de coco et fouettez. Débarrassez immédiatement dans un bol.

Sauce au tamarin

30 g de purée de tamarin
3 cuillerées à soupe de sauce nuoc-mâm
1 gousse d'ail
1 piment rouge
2 cuillerées à soupe de sucre semoule

Pelez et hachez la gousse d'ail et le piment rouge.

Dans une casserole, déposez tous les ingrédients et faites chauffer la sauce 5 minutes à feu doux en fouettant.

Sauce barbecue

3 cl de sauce hoisin
1 cuillerée à soupe de sauce soja
1 cuillerée à soupe d'eau
5 g de cacahuètes salées grillées
1 piment rouge
1 cuillerée à café de miel liquide
1 cuillerée à soupe d'huile de sésame

Concassez les cacahuètes.
Hachez le piment.

Dans un bol, mélangez les cacahuètes et le piment avec le reste des ingrédients.

Sauce nuoc-mâm diluée

10 cl de sauce nuoc-mâm pure
10 cl d'eau tiède
1 cuillerée à café de vinaigre de riz
Le jus de 2 citrons verts
1 gousse d'ail
15 g de sucre semoule

Pelez et hachez la gousse d'ail.

Dans un bol, mélangez l'eau, le jus de citron vert, le vinaigre de riz et le sucre jusqu'à ce que l'ensemble soit parfaitement homogène. Ajoutez la sauce nuoc-mâm pure et l'ail haché.

Galettes de Riz
BANH TRANG
RICE PAPER

LES ENTRÉES

Les Vietnamiens partagent tous leurs plats à table et voici ce que l'on peut trouver au milieu de la table lors de l'apéritif ou de l'entrée, avant que les plats et les bols de riz arrivent ! Vous pouvez donc à loisir sélectionner vos entrées préférées lors d'un repas vietnamien et cuisiner des petites portions afin que tout le monde puisse goûter un peu à tout.

Préparation : 30 minutes
Trempage : 20 minutes
Cuisson : 5 minutes

Pour 6 personnes

12 grandes galettes de riz rondes
200 g de vermicelles de riz
12 crevettes roses cuites
300 g de porc laqué
1 sachet de couenne de porc séché
12 feuilles de batavia
1 concombre
1 botte de menthe
1 botte de ciboulette
20 g de poudre de riz grillé
Sel, poivre

ASTUCE

Dégustez ces rouleaux avec de la sauce nuoc-mâm diluée (voir recette p. 31) ou (comme fait ma maman) de la sauce aux cacahuètes (voir recette p. 30) encore tiède !

VARIANTE

Pour réaliser des rouleaux de printemps végétariens, remplacez la viande et les crevettes par 2 carottes épluchées et rapées. Dégustez avec de la sauce soja.

Rouleaux de printemps

Gỏi cuốn

Faites tremper la couenne de porc séché 20 minutes dans de l'eau froide puis égouttez-la.
Émincez le porc laqué en petits bâtonnets. Mélangez la couenne de porc au porc laqué et à la poudre de riz. Salez et poivrez.

Faites cuire les vermicelles de riz dans une casserole d'eau bouillante pendant 5 minutes. Passez-les ensuite sous un filet d'eau froide pour stopper la cuisson.

Décortiquez les crevettes et coupez-les en deux dans la longueur.

Pelez le concombre et détaillez-le en bâtonnets. Effeuillez la menthe. Coupez les tiges de ciboulette en deux. Lavez la salade.

Confectionnez les rouleaux : sur chaque galette de riz humidifiée à l'eau froide, disposez 1 feuille de salade. Ajoutez 1 cuillerée à soupe du mélange de porc, des bâtonnets de concombre, des vermicelles de riz et des feuilles de menthe. Roulez sur un tour. Placez les tiges de ciboulette pour qu'elles ressortent du rouleau puis ajoutez 2 demi-crevettes. Fermez le rouleau sur les côtés et terminez de rouler.

Galettes de Riz

Galettes de Riz

Galettes de Riz

Galettes de Riz

Galettes de Riz

Galettes de Riz

RICE PAPER
Galettes de Riz

RICE PAPER
Galettes de Riz

RICE PAPER
Galettes de Riz

RICE PAPER
Galettes de Riz

RICE PAPER
Galettes de Riz

RICE PAPER
Galettes de Riz

Préparation : 15 minutes
Cuisson : 20 minutes

Pour 8 personnes

500 g de riz parfumé
5 brins de ciboule
5 cuillerées à soupe d'huile de tournesol

ASTUCE

Servez ce gâteau de riz avec des grillades ou, pour changer du pain, avec de la charcuterie.

Gâteau de riz

Bánh cốm

La veille, faites cuire le riz à la casserole ou l'autocuiseur puis égouttez-le (voir recette p. 24).

Imbibez d'eau un torchon en coton. Disposez le riz en saucisson dans le torchon et pressez dans le torchon pour en faire un gros boudin. Serrez bien et réservez au frais toute une nuit.

Le jour même, ouvrez le torchon et découpez le gâteau de riz en tranches.

Confectionnez l'huile de ciboule : émincez finement les tiges de ciboule. Faites chauffer l'huile de tournesol quelques minutes dans une casserole. Éteignez le feu et ajoutez la ciboule émincée.

Assaisonnez les tranches de gâteau de riz avec l'huile de ciboule et dégustez.

Riz
Ex
OISEAUX CÉLESTES

Brioches à la vapeur

Banh bao

Préparation : 1 heure
Cuisson : 30 minutes
Repos : 2 h 20

Pour 6 personnes

Pour la pâte
150 g de farine
40 g de fécule de maïs
3 g de levure sèche boulangère
12,5 cl de lait
Huile de tournesol
25 g de sucre semoule
½ cuillerée à café de sel

Pour la garniture
80 g de porc haché
1 saucisse chinoise lap xuong
5 shiitaké
1 oignon
2 œufs

ASTUCE

Pour plus de gourmandise, remplacez le porc haché cru par du porc laqué (voir recette p. 80) !

Réalisez la pâte : faites tiédir le lait dans une casserole. Dans un cul-de-poule, diluez la levure avec le lait. Ajoutez la moitié de la farine et le sucre puis mélangez. Recouvrez d'un torchon et laissez reposer 20 minutes. Ajoutez ensuite le reste de farine, la fécule de maïs, le sel et 1 cuillerée à soupe d'huile de tournesol. Pétrissez jusqu'à obtenir une pâte homogène. Recouvrez à nouveau d'un torchon et laissez reposer 2 heures.

Faites cuire les œufs dans une casserole d'eau bouillante pendant 6 minutes. Égouttez-les doucement et coupez-les en quartiers. Coupez la saucisse en rondelles. Émincez finement les shiitaké. Pelez et ciselez l'oignon.

Dans un saladier, mélangez le porc haché avec la saucisse, les shiitaké et l'oignon. Formez 6 boulettes de viande puis garnissez chaque boulette avec 1 quartier d'œuf.

Coupez 6 carrés de papier sulfurisé de 12 × 12 cm.

Pétrissez la pâte et partagez-la en six. Étalez les boules de pâte en petits disques sur le plan de travail fariné.

Disposez 1 boulette de farce au milieu de chaque disque et rabattez la pâte pour former une bourse.

Placez chaque brioche sur un morceau de papier sulfurisé et fermez hermétiquement. Faites cuire 15 minutes dans un panier vapeur.

Variante

Brioches sucrées

Réalisez la pâte comme dans la recette salée.

Préparez la garniture : dans une casserole déposez 500g de pâte de graines de lotus, avec 50g de sucre et 1 cuillerée soupe d'huile d'arachide.

Faites chauffer jusqu'à ce que le sucre soit totalement fondu afin d'obtenir une crème moelleuse et homogène.

Garnissez les banh bao comme pour les brioches salées.

Préparation : 15 minutes
Trempage : 20 minutes
Cuisson : 12 minutes

Pour 6 personnes

250 g de pâte feuilletée
1 œuf
½ carotte
2 ciboules
5 champignons noirs séchés
20 g de vermicelles de soja
2 cuillerées à soupe de sauce nuoc-mâm
1 cuillerée à café de poivre moulu

Pâtés chauds vietnamiens

Bánh patê sô

Faites tremper les champignons noirs dans de l'eau tiède pendant 20 minutes.

Faites tremper les vermicelles dans de l'eau chaude pendant 5 minutes. Passez-les ensuite sous un filet d'eau froide et égouttez-les.

Préchauffez le four à 170 °C (th. 5-6).

Pelez la demi-carotte. Séparez le blanc d'œuf du jaune. Égouttez les champignons.

Mixez grossièrement la carotte, les ciboules, les champignons et les vermicelles avec la sauce nuoc-mâm et le poivre. Ajoutez le blanc d'œuf et mélangez pour avoir une farce homogène.

À l'aide d'un emporte-pièce, découpez des disques dans la pâte feuilletée. Déposez sur un disque, 1 cuillerée à soupe de farce. Fermez avec un autre disque puis soudez la pâte à l'aide d'une fourchette. Badigeonnez au jaune d'œuf avec un pinceau. Enfournez et faites cuire 12 minutes.

ASTUCE

Magnifique recette vide-frigo ! N'hésitez pas à utiliser vos ingrédients préférés pour la farce.

Nems impériaux

Chả giò

Qu'est-ce qu'un nem ?

Le nem, ou rouleau impérial, est une des spécialités vietnamiennes les plus connues au monde. Dégusté comme entrée un peu partout sur la planète, au Vietnam il est surtout confectionné les jours de fête, car sa réalisation demande beaucoup de temps.

Est-ce son nom traditionnel ?

Pas vraiment ! On l'appelle nem rán dans le nord du Vietnam et chà giò dans le sud du pays, ce qui veut dire respectivement « viande frite » et « farce roulée ».

De quand date le nem ?

Même si c'est un plat officiellement vietnamien, sa création serait chinoise, durant la dynastie Qing, entre les XVIIe et XVIIIe siècles. À l'époque, pour sélectionner les dirigeants du pays, les candidats devaient passer un examen très difficile nommé le Keju. Celui-ci était tellement long et complexe qu'il pouvait durer deux jours sans que les candidats n'aient le temps ni de dormir ni de manger. La femme d'un candidat désirait absolument que son époux puisse manger et, après de nombreux tests, elle confectionna cette pâte de riz qu'elle pouvait farcir et frire pour conserver les ingrédients.

Avec quoi mange-t-on un nem ?

Toujours avec une feuille de salade, quelques feuilles de menthe et de la sauce nuoc-mâm diluée : on enroule son nem dans la verdure et on le trempe dans la sauce avant de le croquer !

Quelle est la farce traditionnelle des nems ?

À chaque famille, sa recette de nem ! Il en existe au porc, au poulet ou encore aux crustacés. Mais dans beaucoup de familles, on mélange terre et mer.

Peut-on conserver les nems ?

Vous pouvez les faire frire sans coloration, les laisser refroidir à température ambiante puis les congeler. Lorsqu'on désire les déguster, il suffit de les décongeler puis de les cuire 10 minutes au four à 180 °C : ils sont alors plus légers et moins gras !

Préparation : 30 minutes
Trempage : 20 minutes
Cuisson : 8 minutes

Pour 6 personnes

12 grandes galettes de riz rondes
100 g de porc haché
50 g de crevettes crues
70 g de germes de soja
70 g d'oignon jaune
10 g de champignons noirs séchés
30 g de carotte
10 g de vermicelles de soja
10 cl de sauce nuoc-mâm pure
ou diluée (voir recette p. 31)
10 g de sucre semoule
5 g de sel
Huile de friture
12 feuilles de batavia
1 botte de menthe

ASTUCE

Pour une version sans viande, remplacez le porc haché par 2 boîtes de crabe en miettes.

Recette

Faites tremper les champignons noirs dans de l'eau tiède pendant 20 minutes.

Faites tremper les vermicelles dans de l'eau chaude 5 minutes. Passez-les sous un filet d'eau froide puis égouttez-les. Coupez-les en tronçons de 2 cm à l'aide de ciseaux.

Égouttez les champignons.

Pelez la carotte et l'oignon. À l'aide d'un robot, hachez grossièrement les germes de soja, la carotte, l'oignon et les champignons.

Dans un saladier, mélangez le porc haché, les vermicelles, les crevettes, le hachis à base de champignons, le sucre, le sel et la sauce nuoc-mâm.

Confectionnez les rouleaux : sur 1 galette de riz humidifiée à l'eau froide, disposez 1 grosse cuillerée à soupe de farce. Rabattez les extrémités et roulez fermement.

Faites chauffer de l'huile de friture dans une casserole puis faites cuire les nems pendant environ 8 minutes jusqu'à ce qu'ils soient bien dorés.

Dégustez les nems avec les feuilles de batavia et la menthe, accompagnés de sauce nuoc-mâm.

Pour tester la température de l'huile de friture, trempez le bout d'une baguette en bois dans l'huile. Si celle-ci se met à buller autour de la baguette, c'est que la température est bonne ! Égouttez toujours les nems sur un papier absorbant pour retirer l'excédent de matière grasse.

Galettes de Riz

Galettes de Riz

Galettes de Riz

Galettes de Riz

Galettes de Riz

Galettes de Riz

Préparation : 10 minutes
Cuisson : 10 minutes

Pour 4 personnes

300 g de chair de crabe en boîte
350 g de pointes d'asperges blanches en boîte
1 litre de bouillon de volaille
1 botte de coriandre
1 cuillerée à soupe de fécule de maïs
1 blanc d'œuf
Sel, poivre

ASTUCE

Ajoutez des vermicelles ou des nouilles dans la soupe pour la transformer en plat complet.

Soupe de crabe

Súp cua

Effilochez la chair de crabe.

Diluez la fécule de maïs dans le bouillon de volaille froid.

Dans une casserole, portez à ébullition le bouillon de volaille puis ajoutez la chair de crabe et les asperges. Dès que l'ébullition reprend, ajoutez le blanc d'œuf en remuant en cercles à l'aide d'une cuillère en bois pour créer des filaments.

Assaisonnez généreusement de sel et poivre.
Servez aussitôt la soupe parsemée de coriandre effeuillée.

Préparation : 15 minutes
Cuisson : 5 minutes

Pour 6 personnes

- 300 g de filet de bœuf
- 1 botte de cresson
- 8 tomates cerise
- 1 oignon jaune
- 4 gousses d'ail
- 1 cuillerée à café d'ail frit
- 2 cuillerées à soupe de sauce nuoc-mâm
- 4 cuillerées à soupe d'huile de tournesol
- 2 cuillerées à soupe de vinaigre blanc
- 2 cuillerées à café de sucre semoule

Bœuf sauté au cresson

Bò xào xà lách xoong

Pelez et hachez les gousses d'ail et l'oignon. Émincez les tomates cerise. Coupez le bœuf en fines tranches.

Dans une poêle, faites revenir la moitié de l'ail avec 2 cuillerées à soupe d'huile afin qu'il soit bien doré.

Récupérez l'ail avec l'huile et déposez-le dans un bol. Ajoutez le vinaigre et le sucre ; mélangez jusqu'à ce qu'il soit dissous.

Dans un wok, faites revenir l'autre moitié d'ail avec le reste d'huile 2 minutes à feu doux. Augmentez le feu, ajoutez l'oignon et le bœuf puis faites sauter 2 minutes. Versez la sauce nuoc-mâm et mélangez. Débarrassez sur une assiette.

Lavez et essorez le cresson puis déposez-le dans un saladier. Ajoutez les tomates émincées et arrosez de vinaigrette. Ajoutez enfin le bœuf aux oignons et l'ail frit. Servez aussitôt.

Si vous êtes aventurier, avant de servir, parsemez la salade de piment rouge émincé.

Préparation : 15 minutes
Sans cuisson

Pour 6 personnes

500 g de filet de bœuf
4 citrons verts
2 échalotes
1 gousse d'ail
1 botte de menthe
1 cuillerée à soupe de sauce nuoc-mâm diluée (voir recette p. 31)
2 cuillerées à soupe d'échalotes frites
2 cuillerées à soupe de cacahuètes concassées
1 cuillerée à café de sucre semoule
1 cuillerée à café de sel

Bœuf « cuit » au citron

Bò tái chanh

Pelez et hachez les échalotes et l'ail.

Pressez les citrons verts. Diluez le sucre et le sel dans le jus de citron.

Émincez finement le filet de bœuf.

Effeuillez et ciselez la menthe.

Dans un saladier, mélangez le filet de bœuf avec le jus de citron et la sauce nuoc-mâm. Ajoutez l'échalote et l'ail hachés puis la menthe. Mélangez bien le tout.

Parsemez le bœuf d'échalotes frites et de cacahuètes. Servez aussitôt.

Servez ce bœuf avec une belle salade de batavia.

Raviolis vietnamiens

Bánh cuốn

Qu'est-ce qu'un banh cuon ?

Le banh cuon peut s'assimiler à deux plats : un ravioli... et une crêpe ! C'est, en fait, une crêpe moelleuse de farine de riz roulée en ravioli, à l'intérieur de laquelle on a glissé une farce de porc haché et de champignons noirs. Le tout est extrêmement doux et riche en goût !

Que signifie banh cuon ?

Banh veut dire « gâteau » et cuon « roulé ». Pour les Vietnamiens, c'est donc un gâteau roulé !

Avec quoi mange-t-on les banh cuon ?

Avec des oignons frits, de la mortadelle vietnamienne coupée en fines tranches, de la coriandre, le tout arrosé de sauce nuoc-mâm diluée.

À quelle occasion les Vietnamiens mangent-ils les banh cuon ?

Le banh cuon est un plat qui se mange au petit déjeuner ou au déjeuner ! Un peu rudimentaire à confectionner, il se déguste souvent dans des petits restaurants de rue spécialisés qui disparaissent en début d'après-midi.

Peut-on conserver les banh cuon et comment ?

Je le déconseille, car c'est très fragile. La seule astuce pour bien les conserver est d'attendre qu'ils refroidissent à température ambiante puis de les disposer sur une assiette en les espaçant et de bien filmer. Vous les réchaufferez au dernier moment à la vapeur.

Préparation : 40 minutes
Trempage : 20 minutes
Cuisson : 15 minutes

Pour 6 personnes

1 sachet de pâte à banh cuon
400 g de porc haché
200 g d'oignons jaunes
20 g de champignons noirs séchés
10 tranches de saucisse cha lua
50 cl d'eau
2 cuillerées à soupe de sauce nuoc-mâm
1 cuillerée à café d'échalotes frites
Huile de tournesol

Recette

Faites tremper les champignons noirs dans de l'eau tiède pendant 20 minutes. Égouttez-les et émincez-les. Épluchez et ciselez les oignons.

Dans un cul-de-poule, mélangez le porc haché avec les oignons, les champignons et la sauce nuoc-mâm.

Dans une poêle à feu vif, versez un filet d'huile de tournesol puis faites dorer la farce 10 minutes en remuant régulièrement.

Dans un saladier, mélangez la pâte à banh cuon avec l'eau à l'aide d'un fouet.

Faites chauffer une poêle bien huilée à feu moyen. Versez 1 louche de pâte et étalez-la. Couvrez avec un torchon et laissez cuire 30 secondes (sans retourner la crêpe).

Badigeonnez une assiette d'huile. À l'aide d'une spatule, récupérez la crêpe et disposez-la sur l'assiette. Garnissez avec 1 cuillerée à soupe de farce et rabattez les côtés de la raviole. Parsemez de saucisse cha lua et d'échalotes frites. Réalisez ainsi les autres ravioles et servez.

ASTUCE

Dégustez ces raviolis arrosés d'huile de ciboule : faites chauffer 5 cuillerées à soupe d'huile de tournesol dans une casserole pendant quelques minutes ; hors du feu, ajoutez 5 tiges de ciboule émincées finement.

STREET FOOD

Les Vietnamiens adorent se retrouver dans la rue pour manger ensemble. Derrière chaque restaurant, une famille délivre sa spécialité. Il m'arrive même avec ma famille de parcourir plusieurs kilomètres à pied pour déguster notre phô préféré !

Bœuf à la citronnelle

Bò lá lốt

Mélangez tous les ingrédients de la marinade dans un bol.

Émincez l'entrecôte en fines tranches. Hachez la poitrine de porc. Déposez le tout dans un saladier. Ajoutez la marinade et mélangez. Laissez mariner 1 heure au réfrigérateur.

Égouttez le bœuf et le porc.

Passez les feuilles de piper lolot sous l'eau froide et faites-les sécher à plat sur un torchon. Posez-les, côté brillant contre le plan de travail, la pointe vers vous. Déposez 1 cuillerée à soupe de mélange de viande sur la base de chaque feuille et roulez de la pointe vers la tige. Piquez le rouleau à l'aide d'une pique à brochette, juste en dessous de la tige pour bien le maintenir.

Déposez les brochettes sur la grille du barbecue ou un gril en fonte et faites-les cuire 5 minutes de chaque côté. Servez aussitôt.

Arrosez les brochettes avec de l'huile à l'oignon nouveau et parsemez de cacahuètes concassées. Dégustez avec de la sauce mam nêm ou de la sauce nuoc-mâm pha et des vermicelles de riz.

Préparation : 30 minutes
Marinade : 1 heure
Cuisson : 10 minutes

Pour 4 personnes

400 g d'entrecôte de bœuf
200 g de poitrine de porc
100 g de feuilles de piper lolot

Pour la marinade
2 tiges de citronnelle, juste la partie blanche finement hachée
1 échalote hachée
2 gousses d'ail hachées
3 cuillerées à soupe de sauce nuoc-mâm
1 cuillerée à soupe de cassonade
1 cuillerée à café de poivre blanc moulu

Soupe de nouilles au bœuf

Phở Bò

Qu'est-ce que le phô ?

C'est LE plat national vietnamien ! Il s'agit d'une soupe composée de nouilles de riz, de morceaux de bœuf et d'herbes aromatiques, le tout cuit dans un bouillon pendant plusieurs heures.

À quelle occasion les Vietnamiens mangent-ils un phô ?

À la base, le phô était un plat de petit déjeuner mais, aujourd'hui, les Vietnamiens le mangent à toute heure. Ce plat rudimentaire étant long à réaliser, les Vietnamiens aiment alors se retrouver dans les restaurants de rue pour le déguster.

Quelle est l'histoire du phô ?

Phô est prononcé « feu » et, pour cause, il vient du plat pot-au-feu ! La colonisation française du Vietnam, au XIXe siècle, apporte avec elle son lot d'innovations, dont le bouillon et la viande de bœuf. Ce plat serait donc né dans une cuisine, partagé par un Français et un Vietnamien, dans la volonté de reproduire les caractéristiques d'un pot-au-feu avec les ingrédients présents sur place.

Avec quoi mange-t-on le phô ?

Avec une multitude d'herbes aromatiques (basilic thaï, coriandre, ngo gai…), des germes de soja, de la sauce hoisin, de la sauce sriracha et du jus de citron vert pour assaisonner encore plus son plat !

Préparation : 30 minutes
Cuisson : 3 h 30

Pour 6 personnes

400 g de nouilles de riz
500 g de jarret de bœuf
500 g de plat de côtes avec os
1 queue de bœuf
3 os à moelle
8 boulettes de bœuf bò viên
400 g de filet de bœuf
3 oignons jaunes
1 oignon blanc
100 g de germes de soja
10 clous de girofle
6 badianes
2 bâtons de cannelle
1 botte de basilic thaï
1 botte de coriandre
1 botte de ciboule
1 noix de muscade noire
1 cuillerée à soupe de graines de coriandre
1 cuillerée à soupe de poivre noir
4 cuillerées à soupe de sauce nuoc-mâm

ASTUCE

Accompagnez ce plat de sauce hoisin, de purée de piment et de jus de citron vert directement pressé au-dessus de son assiette.

Recette

Coupez le jarret de bœuf en dés.

Dans une marmite, faites bouillir 4 litres d'eau puis déposez le plat de côtes, le jarret, la queue de bœuf et les os à moelle. Laissez bouillir 10 minutes. Égouttez et rincez les viandes.

Faites à nouveau bouillir 4 litres d'eau dans la marmite puis remettez les viandes et les os. Laissez mijoter 1 heure à feu doux en écumant régulièrement.

Pelez les oignons jaunes, piquez-les avec une fourchette et brûlez-les au-dessus du gaz ou d'une flamme jusqu'à ce qu'ils noircissent. Piquez les clous de girofle sur les oignons.

Dans le bouillon, déposez les oignons grillés, les badianes, les bâtons de cannelle, les graines de coriandre et de poivre noir ainsi que la muscade. Continuez la cuisson 2 heures à feu doux en écumant régulièrement.

À l'aide d'une écumoire, retirez les viandes, les épices et les oignons. Ajoutez la sauce nuoc-mâm et les boulettes. Laissez mijoter 10 minutes.

Faites cuire les nouilles dans une grande casserole d'eau bouillante pendant 1 à 2 minutes (selon les indications du paquet). Passez-les ensuite sous un filet d'eau froide puis égouttez-les.

Coupez le filet de bœuf en fines tranches. Ciselez la ciboule et effeuillez les herbes. Émincez l'oignon blanc.

Dans les bols, disposez les nouilles, le filet de bœuf cru, un peu d'oignon blanc et des germes de soja. Arrosez de bouillon brûlant puis ajoutez des morceaux de viandes cuites et des boulettes. Parsemez d'herbes et dégustez.

Préparation : 20 minutes
Trempage : 20 minutes
Cuisson : 1 h 30

Pour 4 personnes

200 g de paleron de bœuf coupé en dés
1 os à moelle
1 kg de crevettes crues
400 g de nouilles de blé
150 g de champignons noirs séchés
1 paquet de pâtes à ravioles chinoises
10 cuillerées à soupe de sauce nuoc-mâm
40 g de germes de soja
2 oignons pelés
1 œuf
1 botte de coriandre
1 botte de ciboule
1 badiane
1 bâton de cannelle

Nouilles aux raviolis

Mì hoành thánh

Piquez 1 oignon avec une fourchette et faites-le noircir au-dessus d'une flamme.

Dans une marmite, versez 2 litres d'eau. Ajoutez le paleron de bœuf, l'os à moelle, la badiane, l'oignon grillé et la cannelle. Faites cuire 1 heure à feu doux en écumant régulièrement. Éteignez le feu, filtrez le bouillon et versez-le dans une casserole. Réservez.

Faites tremper les champignons noirs dans de l'eau tiède pendant 20 minutes. Égouttez-les et émincez-les.

Mixez les crevettes décortiquées avec l'autre oignon, les champignons, les ciboules et la sauce nuoc-mâm.

Fouettez l'œuf avec une fourchette. Disposez 1 feuille de raviole dans la paume de votre main puis badigeonnez les bords avec l'œuf battu à l'aide d'un pinceau. Placez au milieu 1 cuillerée à soupe de farce aux crevettes. Repliez la raviole en triangle et pincez-la afin de bien souder les bords. Confectionnez ainsi les autres ravioles.

Dans une casserole d'eau bouillante, plongez les ravioles : elles sont cuites dès qu'elles remontent à la surface. Récupérez-les à l'aide d'une araignée.

Faites cuire les nouilles dans une grande casserole d'eau bouillante pendant 5 minutes. Passez-les sous un filet d'eau froide et égouttez-les.

Faites réchauffer le bouillon jusqu'à ébullition. Servez avec les nouilles et les ravioles. Parsemez de coriandre effeuillée et de germes de soja.

Le paleron de bœuf qui a servi au bouillon fera une excellente garniture pour une bolognaise ou un hachis !

Préparation : 20 minutes
Marinade : 1 nuit
Cuisson : 10 minutes

Pour 4 personnes

600 g de filet de bœuf
200 g de vermicelles de riz
1 concombre
1 sucrine
2 oignons
2 gousses d'ail
20 g de cacahuètes grillées salées
1 bâton de cannelle
1 badiane
1 botte de menthe
1 botte de coriandre
1 botte de basilic thaï
6 cl de sauce huître
2 cl de sauce soja
2 cl de sauce nuoc-mâm
75 g de sucre semoule
15 g de sel
Huile de tournesol

Bœuf et vermicelles

Bò bún

La veille, coupez le filet de bœuf en très fines tranches. Déposez-les dans un grand plat creux.

Pelez et hachez les oignons et l'ail. Déposez-les dans le plat de viande puis ajoutez les sauces huître, soja et nuoc-mâm, la cannelle, la badiane, le sucre et le sel. Filmez et laissez mariner toute la nuit au réfrigérateur.

Le jour même, faites cuire les vermicelles de riz dans une casserole d'eau bouillante pendant 5 minutes. Passez-les ensuite sous un filet d'eau froide puis égouttez-les.

Coupez la sucrine en chiffonnade. Effeuillez les herbes. Pelez le concombre et détaillez-le en petits dés. Concassez les cacahuètes.

Égouttez la viande de la marinade. Dans une poêle, faites chauffer un filet d'huile de tournesol puis faites dorer la viande 2 minutes de chaque côté à feu vif.

Servez la viande avec les vermicelles, les dés de concombre et la sucrine. Parsemez de cacahuètes et d'herbes.

Arrosez ce plat avec de la sauce nuoc-mâm diluée (voir recette p. 31) et du jus de citron vert. Vous pouvez l'accompagner de pickles de carottes et de nems impériaux (voir recette p. 48).

Préparation : 20 minutes
Cuisson : 2 heures

Pour 4 personnes

400 g de vermicelles de riz épais
300 g de jarret de bœuf
4 pieds de porc
1 oignon
2 gousses d'ail
50 g de gingembre frais
3 bâtons de citronnelle
1 bâton de cannelle
1 botte de coriandre
1 botte de rau ram
1 botte de ngo gai
2 cuillerées à soupe de pâte de crevettes
1 cuillerée à soupe de poudre de saté
1 cuillerée à soupe de purée de piment

ASTUCE

À table, arrosez de jus de citron vert pour donner encore plus de pep's à ce plat !

Vermicelles de la ville de Hué

Bún bò huế

Pelez l'oignon et le gingembre. Piquez-les avec une fourchette et brûlez-les au-dessus du gaz ou d'une flamme jusqu'à ce qu'ils noircissent.

Pelez et hachez les gousses d'ail. Épluchez les bâtons de citronnelle puis coupez-les en deux.

Dans une marmite, versez 2 litres d'eau. Ajoutez le jarret les pieds de porc, l'ail, la citronnelle, le gingembre, l'oignon, la cannelle, la poudre de saté, la purée de piment et la pâte de crevettes. Couvrez et laissez mijoter 2 heures à feu doux en écumant régulièrement.

Égouttez les viandes et filtrez le bouillon. Effeuillez les herbes.

Faites cuire les vermicelles de riz dans une casserole d'eau bouillante pendant 5 minutes. Passez-les ensuite sous un filet d'eau froide pour stopper la cuisson.

Dans des bols, répartissez les vermicelles et les différentes viandes. Recouvrez de bouillon et parsemez d'herbes.

Préparation : 15 minutes
Cuisson : 30 minutes

Pour 4 personnes

200 g de vermicelles de riz
400 g de porc haché
1 oignon jaune
4 tiges de ciboule
1 carotte
1 botte de menthe
1 botte de coriandre
20 g de cacahuètes grillées salées
10 cl de sauce caramel (voir recette p. 31)
2 cuillerées à soupe de sauce nuoc-mâm
1 cuillerée à soupe de sauce soja
Sel, poivre

ASTUCE

Arrosez ce plat avec de la sauce nuoc-mâm diluée (voir recette p. 31).

Vermicelles et boulettes

Bún chả

Préchauffez le four à 180 °C (th. 6).

Pelez et émincez l'oignon. Ciselez la ciboule. Épluchez la carotte et coupez-la en fins bâtonnets.

Dans un saladier, mélangez le porc haché avec l'oignon, la ciboule et les trois sauces. Salez et poivrez. Confectionnez des boulettes de 4 cm de diamètre.

Déposez les boulettes dans un plat allant au four. Enfournez et faites cuire pendant 30 minutes.

Faites cuire les vermicelles dans une grande casserole d'eau bouillante 1 à 2 minutes (selon les indications du paquet). Passez-les ensuite sous un filet d'eau froide et égouttez-les.

Concassez les cacahuètes. Effeuillez les herbes.

Servez les boulettes avec les vermicelles et les bâtonnets de carotte, parsemées généreusement de cacahuètes et d'herbes.

Préparation : 20 minutes
Marinade : 1 nuit
Cuisson : 1 h 30

Pour 4 personnes

⅓ de baguette de pain par personne
500 g de poitrine de porc
200 g de cha lua finement tranché (mortadelle vietnamienne)
80 g de carottes râpées marinées do chua
100 g de concombre coupé en bâtonnets
80 g de mayonnaise maison
20 g de chà bông (porc séché vietnamien)
1 botte de coriandre effeuillée
Sauce Maggi® ou sauce soja

Pour la marinade
1 cuillerée à café de cinq-épices
1 cuillerée à café de poivre blanc moulu
3 gousses d'ail
1 cuillerée à café de sel
1 cuillerée à café de sauce soja
1 cuillerée à café d'huile d'arachide ou de tournesol

Sandwich vietnamien au rôti de porc

Bánh mì

La veille, préparez la marinade : hachez les gousses d'ail. Dans un plat creux, déposez la poitrine de porc. Ajoutez l'ail haché, le cinq-épices, le poivre, le sel, la sauce soja et l'huile d'arachide. Filmez le plat et laissez mariner toute une nuit au réfrigérateur.

Le jour même, sortez la poitrine de porc et faites-la cuire 1 h 30 à la vapeur. Laissez-la refroidir complètement puis tranchez-la finement.

Ouvrez le pain sur la longueur. Tartinez une face de mayonnaise. Arrosez l'autre face de sauce Maggi®. Disposez des tranches de cha lua et de poitrine de porc mariné. Ajoutez des bâtonnets de concombre et des carottes râpées. Parsemez de coriandre et de chà bông.

ASTUCE

Au Vietnam, on ajoute 2 gouttes de colorant rouge dans la marinade : la couleur rendrait la viande plus gourmande !
Vous pouvez également ajouter quelques fines rondelles de piment rouge.

福
招财進寶

GRANDS CLASSIQUES ET PLATS DE FÊTE

La plus grande fête vietnamienne est incontestablement le Têt, le Nouvel An vietnamien. Si les Vietnamiens aiment beaucoup manger à l'extérieur, en revanche, le Têt se fête à la maison. Tout le foyer prépare cet événement avec attention et on prie pour les ancêtres qui nous ont quittés. Les femmes se mettent en cuisine pendant que les hommes nettoient la maison. Les plats seront joliment décorés et déposés en abondance au milieu de la table. Ce jour-là, tout le monde prend également une année de plus ! En effet, la date d'anniversaire n'est pas fêtée au Vietnam : on considère que l'on prend une année de plus le jour du Têt, qui est basé sur le calendrier lunaire. L'occasion parfaite de faire la fête jusqu'au bout de la nuit !

Préparation : 10 minutes
Marinade : 1 nuit
Cuisson: 2 heures

Pour 6 personnes

1 kg de poitrine de porc
1 cuillerée à soupe de sauce soja
2 cuillerées à soupe de sauce nuoc-mâm
2 cuillerées à café de poudre de saté
1 cuillerée à café de poivre moulu

ASTUCE

Pour ne pas détacher la peau croustillante de la poitrine, coupez le porc laqué d'un coup sec à l'aide d'un couperet.

Porc laqué

Thịt nướng xá xíu

La veille, préparez une marinade : dans un bol, mélangez les sauces soja et nuoc-mâm, le saté et le poivre. Déposez la poitrine dans un plat allant au four et ajoutez la marinade. Enrobez la poitrine de manière uniforme. Filmez et réservez une nuit au réfrigérateur.

Le jour même, égouttez la viande et récupérez la marinade.

Préchauffez le four à 210 °C (th. 7).

À l'aide d'un pinceau, laquez la peau de la poitrine avec la marinade. Enfournez côté peau vers le haut, et laissez cuire pendant 15 minutes.

Retournez la poitrine, laquez-la et faites cuire encore 15 minutes. Répétez l'action toutes les 15 minutes jusqu'à obtenir 2 heures de cuisson.

Canard laqué

Vịt quay

La veille, préparez une marinade : pelez et hachez l'ail et le gingembre. Dans un bol, mélangez le miel, l'ail, le gingembre, le cinq-épices et l'huile. Déposez le canard dans un plat allant au four et enduisez-le de marinade. Réservez une nuit au réfrigérateur.

Le jour même, égouttez le canard et récupérez la marinade.

Préchauffez le four à 180 °C (th. 6).

À l'aide d'un pinceau, laquez le canard avec la marinade. Enfournez et laissez cuire pendant 20 minutes. Retournez le canard, laquez-le et faites cuire encore 20 minutes. Retournez-le à nouveau, laquez-le une dernière fois et poursuivez la cuisson 20 minutes.

Préparation : 10 minutes
Marinade : 1 nuit
Cuisson : 1 heure

Pour 6 personnes

1 canard entier vidé
4 gousses d'ail
10 g de gingembre frais
2 cuillerées à soupe de cinq-épices
5 cuillerées à soupe de miel liquide
2 cuillerées à soupe d'huile de tournesol

ASTUCE

Accompagnez le canard laqué de sauce hoisin et de légumes frais. Un régal !

Crêpes vietnamiennes

Bánh xèo

Qu'est-ce qu'un banh xeo ?

C'est un des plats favoris des Vietnamiens : une crêpe à base de farine de riz, de curcuma, toujours pliée en deux et garnie avec de la viande de porc, des crevettes, des graines et des germes de soja.

Que veut dire banh xeo ?

Banh en vietnamien veut dire « gâteau » et xeo est le son de la pâte à crêpes au contact de la poêle.

Comment mange-t-on un banh xeo ?

Le banh xeo se déchire du bout d'une paire de baguettes. On en glisse ensuite un morceau au cœur d'une feuille de salade, avec quelques herbes aromatiques (menthe, coriandre, shiso...), puis on roule le tout avant de le tremper dans de la sauce nuoc-mâm diluée.

Peut-on conserver un banh xeo ?

Le banh xeo se conserve très mal et s'assèche très rapidement. Il vaut mieux le déguster tout de suite !

Existe-t-il des variantes ?

Les variantes des banh xeo en fonction des régions sont très légères. Dans le Sud, la pâte à crêpes est un peu plus moelleuse, avec du lait de coco. Dans le centre du pays, on y ajoute des cacahuètes. Et dans le Nord, la pâte à crêpes est plus corsée, avec de la bière.

Préparation : 15 minutes
Trempage : 30 minutes
Cuisson: 30 minutes

Pour 6 personnes

300 g de poitrine de porc
300 g de crevettes roses crues
1 oignon jaune
50 g de germes de soja
50 g de haricots mungo
200 g de farine de riz
5 cl de lait de coco
4 tiges de ciboule
35 cl d'eau
½ cuillerée à café de curcuma en poudre
½ cuillerée à café de sel
1 botte de shiso
1 botte de rau ram
1 botte de menthe
6 grandes feuilles de batavia
Huile de tournesol

ASTUCE

Les Vietnamiens disposent un morceau de crêpe dans une feuille de batavia, parsèment le tout d'herbes et roulent comme un rouleau de printemps qu'ils trempent dans de la sauce nuoc-mâm diluée (voir recette p. 31).

Recette

Faites tremper les haricots mungo dans de l'eau pendant 30 minutes.

Égouttez les haricots mungo puis faites-les cuire dans une casserole d'eau bouillante 20 minutes en remuant régulièrement.

Dans un cul-de-poule, mélangez la farine de riz avec le sel et le curcuma. Ajoutez l'eau et le lait de coco en fouettant.

Pelez et émincez l'oignon. Décortiquez les crevettes. Ciselez la ciboule. Coupez la poitrine de porc en fines tranches.

Dans une poêle, sur feu vif, versez un filet d'huile de tournesol puis faites dorer 4 tranches de poitrine avec quelques crevettes, un peu d'oignon émincé et de ciboule. Versez ensuite 1 louche de pâte au curcuma pour confectionner une crêpe.

Lorsque la crêpe commence à prendre, déposez au milieu 1 cuillerée à soupe de haricots mungo et 1 petite poignée de germes de soja. Couvrez la poêle et laissez cuire 5 minutes. Pliez la crêpe en deux.

Réalisez les autres crêpes. Servez avec les herbes effeuillées et les feuilles de batavia.

Préparation : 15 minutes
Trempage : 20 minutes
Cuisson : 30 minutes

Pour 6 personnes

8 œufs
400 g de porc haché
50 g de vermicelles de soja
10 g de champignons noirs séchés
1 botte de ciboule
30 g de germes de soja
2 cuillerées à soupe de sauce nuoc-mâm
Sel, poivre

ASTUCE

Pour tester la cuisson de l'omelette, plantez un couteau dedans : celui-ci doit en ressortir propre. Dégustez l'omelette, chaude ou froide, avec du riz.

Œufs à la vapeur

Trứng hấp

Faites tremper les champignons noirs dans un bol d'eau tiède pendant 20 minutes. Égouttez-les et émincez-les.

Faites tremper les vermicelles dans de l'eau chaude pendant 5 minutes. Égouttez-les puis coupez-les en tronçons de 2 cm à l'aide de ciseaux.

Dans un cul-de-poule, mélangez le porc haché, les champignons, les vermicelles, les germes de soja et la sauce nuoc-mâm. Ajoutez les œufs et mélangez pour obtenir une texture homogène. Salez et poivrez.

Déposez le cul-de-poule contenant la préparation au-dessus d'une grande casserole d'eau bouillante pour faire un bain-marie. Couvrez et laissez cuire 20 minutes.

Effeuillez la ciboule et parsemez-la sur l'omelette avant de servir.

Préparation : 15 minutes
Trempage : 20 minutes
Cuisson: 40 minutes

Pour 4 personnes

16 carrés de tofu frits
300 g de porc haché
4 tomates pelées
2 oignons jaunes
10 g de champignons noirs séchés
50 g de vermicelles de soja
2 gousses d'ail
2 brins de coriandre
2 cuillerées à soupe de sauce nuoc-mâm
Huile de tournesol

ASTUCE

Pour une recette végétarienne, remplacez le porc haché par du hachis de soja (en magasin bio).

Tofu farci à la sauce tomate

Đậu hũ nhồi thịt sốt cà

Faites tremper les champignons noirs dans un bol d'eau tiède pendant 20 minutes. Égouttez-les.

Faites tremper les vermicelles dans de l'eau chaude 5 minutes puis égouttez-les.

Pelez 1 oignon. Mixez grossièrement les champignons avec les vermicelles et l'oignon. Mélangez cette préparation au porc haché.

Ouvrez les morceaux de tofu sur le côté et garnissez-les avec cette farce.

Pelez et hachez les gousses d'ail et le deuxième oignon. Coupez les tomates en dés. Effeuillez la coriandre.

Dans une casserole, faites dorer l'ail et l'oignon avec un filet d'huile de tournesol. Ajoutez les dés de tomates et la sauce nuoc-mâm. Laissez réduire 5 minutes. Déposez ensuite les carrés de tofu farcis dans la casserole, couvrez et laissez mijoter à feu doux 30 minutes.

Parsemez le plat de coriandre et servez aussitôt.

Préparation : 10 minutes
Cuisson: 10 minutes

Pour 4 personnes

1 botte de liserons d'eau
4 gousses d'ail
4 cuillerées à soupe de sauce nuoc-mâm
4 cuillerées à soupe de sauce huître
Huile de tournesol

ASTUCE

Vous pouvez ajouter quelques graines de soja en fin de cuisson, comme au Vietnam !

Liserons d'eau sautés à l'ail

Rau muống xào tỏi

Coupez les liserons d'eau en quatre dans la longueur.

Pelez et hachez les gousses d'ail.

Dans un wok, versez un généreux filet d'huile de tournesol puis faites légèrement sauter l'ail à feu vif.

Ajoutez les liserons d'eau, la sauce huître et la sauce nuoc-mâm. Faites sauter pendant 10 minutes.
Servez aussitôt.

PLATS DE VIANDES ET DE POISSONS

Le symbole du Vietnam est le lotus, car même si ce dernier pousse dans la boue, il développe de magnifiques fleurs. Ainsi, même si le Vietnam se considère comme une terre simple, toutes les ressources que l'on y trouve sont riches et précieuses.
Dès lors, il est courant pour tous d'avoir accès au quotidien aux viandes et aux poissons. Ces plats sont de grands classiques qui garnissent très souvent les tables des familles. Extrêmement faciles à réaliser, ils viennent se poser au milieu de la table familiale pour que chacun n'ait plus qu'à garnir à sa guise son bol de riz.

Préparation : 5 minutes
Cuisson : 7 minutes

Pour 6 personnes

500 g de tende de tranche
1 cuillerée à soupe de poudre de saté
1 oignon jaune
2 gousses d'ail
2 cuillerées à soupe de sauce nuoc-mâm
1 cuillerée à soupe de sauce soja
Huile de tournesol

ASTUCE

Parsemez le bœuf au saté de cacahuètes concassées et de coriandre ciselée. Servez avec du riz parfumé.

Bœuf au saté

Thịt bò sốt sa tế

Coupez la viande en fines tranches.

Pelez et émincez l'oignon. Pelez et hachez les gousses d'ail.

Dans une poêle, faites chauffer un filet d'huile de tournesol puis faites dorer l'oignon et l'ail. Ajoutez la viande, le saté les sauces nuoc-mâm et soja. Faites revenir le tout pendant 5 minutes.

Préparation : 15 minutes
Cuisson : 2 heures

Pour 4 personnes

1 kg de poitrine de porc
1 oignon
4 œufs durs
20 g de gingembre frais
30 cl de sauce caramel
(voir recette p. 31)
4 cuillerées à soupe
de sauce nuoc-mâm
2 cuillerées à soupe
de sauce soja
2 g de poivre noir moulu
Huile de tournesol

ASTUCE

Le poisson et le bœuf au caramel sont également deux plats adorés par les Vietnamiens : il suffit de remplacer tout simplement le porc par des darnes de poisson ou du faux-filet (15 minutes de cuisson pour le poisson et 30 minutes pour le bœuf).

Porc caramélisé

Thịt kho

Coupez la poitrine de porc en gros lardons.

Pelez et ciselez l'oignon. Pelez et hachez le gingembre.

Dans une casserole, faites chauffer un filet d'huile de tournesol puis faites dorer le porc avec l'oignon 5 minutes à feu vif. Ajoutez les sauces nuoc-mâm, soja et caramel, le gingembre et le poivre. Mélangez, couvrez et laissez mijoter 2 heures à feu doux.

Après 1 heure de cuisson, ajoutez des œufs durs écalés : ils caraméliseront comme la viande !

Préparation : 10 minutes
Cuisson : 12 minutes

Pour 4 personnes

600 g de hauts de cuisse de poulet désossés
1 oignon jaune
1 petite racine de gingembre
2 cuillerées à soupe de sauce caramel (voir recette p. 31)
2 cuillerées à soupe de sauce nuoc-mâm
Huile de tournesol

Poulet au gingembre

Gà kho gừng

Émincez le poulet.

Pelez le gingembre puis coupez-le en fins bâtonnets. Pelez et émincez l'oignon.

Dans une poêle, faites dorer l'oignon avec un filet d'huile de tournesol à feu vif.

Ajoutez le poulet, le gingembre, la sauce nuoc-mâm et la sauce caramel. Faites sauter 10 minutes.

Pour un effet optimal, faites cuire le poulet dans une cocotte en terre cuite.

Pour 2 personnes

1 dorade
5 brins de ciboule
20 g de farine
Huile de tournesol

Poisson frit

Cá chiên

Enrobez la dorade de farine.

Dans une poêle, faites chauffer 1 cm d'huile de tournesol puis faites dorer la dorade 4 à 5 minutes sur chaque face.

Émincez finement la ciboule. Dans une casserole, faites chauffer 5 cuillerées à soupe d'huile de tournesol pendant quelques minutes. Éteignez le feu puis ajoutez la ciboule émincée.

Arrosez le poisson d'huile à la ciboule et dégustez.

ASTUCE

Vous pouvez remplacer la ciboule par de l'aneth (très utilisé dans le nord du Vietnam) et terminer par un filet généreux de jus de citron vert.

En Asie du Sud-Est, on a pour habitude de cuire le poisson entièrement pour avoir un maximum de goût. Les yeux, les joues, le cerveau..., cela donne au poisson beaucoup de caractère ! Néanmoins, n'hésitez pas à tester cette recette sur un poisson entier sans la tête.

On mélange aussi souvent à la farine un peu de citronnelle et de piment haché pour donner encore plus de goût au poisson !

Préparation : 15 minutes
Cuisson: 15 minutes

Pour 4 personnes

1 merlan vidé et nettoyé
500 g de tomates pelées
1 oignon jaune
2 gousses d'ail
1 botte de coriandre
2 cuillerées à soupe de sauce nuoc-mâm
Huile de tournesol
Sel, poivre

ASTUCE

Filet de saumon, raie, merlu... Cette recette est excellente avec toutes sortes de poissons.

Poisson à la tomate

Cá sốt cà chua

Préchauffez le four à 180 °C (th. 6).

Pelez et hachez l'oignon et les gousses d'ail.
Coupez en dés les tomates pelées.

Dans une poêle, faites chauffer à feu vif un filet d'huile de tournesol puis faites dorer l'oignon et l'ail.
Ajoutez les tomates, la sauce nuoc-mâm et 10 cl d'eau.
Laissez réduire 5 minutes. Salez et poivrez généreusement.

Dans un plat allant au four, déposez le merlan et recouvrez de sauce tomate. Enfournez et faites cuire 15 minutes.

Effeuillez la coriandre et parsemez le plat à la sortie du four.

CREVETTES

Crevettes marinées

Crevettes sautées à la citronnelle

Crevettes à l'ail et au lait de coco

Crevettes marinées

Tôm nướng muối ớt

Préparation : 10 minutes
Marinade : 1 nuit
Cuisson : 7 minutes

500 g de crevettes crues
1 oignon jaune
2 gousses d'ail
2 cuillerées à soupe
de sauce nuoc-mâm
Huile de tournesol
1 grosse pincée de poivre moulu
Sel, poivre

La veille, décortiquez les crevettes. Pelez l'ail puis mixez-le avec la sauce nuoc-mâm, du sel et une pincée généreuse de poivre.

Déposez les crevettes dans un plat. Ajoutez la marinade et mélangez. Réservez une nuit au réfrigérateur.

Le jour même, pelez et émincez l'oignon.

Dans une poêle, faites chauffer un filet d'huile de tournesol puis faites dorer l'oignon. Ajoutez les crevettes marinées et faites sauter 4 minutes à feu vif.

Pour un plat complet, vous pouvez ajouter des nouilles de riz cuites que vous ferez sauter avec les crevettes.

Crevettes sautées à la citronnelle

Tôm xào sả

Préparation : 5 minutes
Cuisson : 5 minutes

400 g de crevettes crues
10 g de gingembre frais
2 bâtons de citronnelle
2 cuillerées à soupe
de sauce nuoc-mâm
Huile de tournesol

Décortiquez les crevettes.

Pelez et hachez le gingembre.
Pelez la citronnelle puis mixez-la avec le gingembre et la sauce nuoc-mâm pour obtenir une fine purée.

Dans une poêle, faites chauffer un filet d'huile de tournesol puis faites sauter les crevettes avec la purée de gingembre-citronnelle 5 minutes à feu vif.

Servez ces crevettes avec du riz parfumé ou une salade assaisonnée de sauce aux cacahuètes (voir recette p. 30).

Crevettes à l'ail et au lait de coco

Tôm rim nước dừa

Préparation : 10 minutes
Cuisson : 7 minutes

400 g de crevettes crues
4 gousses d'ail
10 cl de lait de coco
1 cuillerée à soupe
de sauce nuoc-mâm
1 botte de coriandre
1 cuillerée à soupe de sucre semoule
Huile de tournesol
Sel, poivre

Décortiquez les crevettes.

Pelez et hachez les gousses d'ail. Effeuillez et ciselez la coriandre.

Dans une poêle, faites chauffer un filet d'huile de tournesol puis faites sauter les crevettes avec l'ail 2 minutes à feu vif. Ajoutez le lait de coco, le sucre et la sauce nuoc-mâm. Laissez réduire 5 minutes. Salez et poivrez généreusement puis parsemez de coriandre.

ASTUCE

Pour donner encore plus de saveur aux plats de crevettes sautées, laissez celles-ci entières, sans les décortiquer.

Préparation : 20 minutes
Cuisson : 30 minutes

Pour 4 personnes

4 tronçons de bar
100 g de purée de tamarin
4 cuillerées à soupe de sauce nuoc-mâm
½ ananas Victoria
2 tomates
10 gombos
2 tiges de taro
100 g de germes de soja
1 oignon jaune
2 gousses d'ail
1 botte de basilic thaï
1 botte de ngò gai
2 cuillerées à soupe de sucre semoule
1 cuillerée à café de sel
Huile de tournesol

Soupe acidulée au poisson

Canh chua cá

Pelez et hachez les gousses d'ail. Pelez et émincez l'oignon jaune.

Pelez l'ananas et coupez-le en dés. Coupez la tomate en quartiers. Pelez les tiges de taro et découpez-les en biseaux.

Dans une grande casserole, faites suer l'ail et l'oignon avec un filet d'huile de tournesol. Ajoutez le poisson, les tomates, le tamarin, l'ananas et 150 cl d'eau. Portez à ébullition, puis ajoutez la sauce nuoc-mâm, les gombos, les tiges de taro, les germes de soja, le sucre et le sel. Terminez la cuisson pendant 10 minutes.

Parsemez cette soupe de ngò gai et de basilic thaï.

Pour déguster le poisson, disposez une assiette creuse avec quelques gouttes de sauce nuoc-mâm et placez le poisson délicatement dans l'assiette.
Servez la soupe accompagnée d'un bol de riz. N'hésitez pas à mouiller le riz avec la soupe.

注册商标
塔牌
PAGODA
BRAND
TRADE MARK
LUNGKOW®
Vermicelli
龍口粉絲
VERMICELLES DE LUNGKOW

NOUILLES ET RIZ

Le féculent roi du Vietnam est le riz. Tout repas est un cérémonial : chacun, pourvu de sa paire de baguettes et de son bol de riz blanc, viendra grappiller le plat de son choix pour accompagner son riz. Heureusement, même s'il est impossible pour nous de nous lasser d'un bol de riz réconfortant, de nombreuses variantes existent, sautées ou en nouilles. Les voici !

Préparation : 15 minutes
Cuisson : 1 h 30

Pour 4 personnes

200 g de riz parfumé
1 poulet
1 oignon jaune
4 gousses d'ail
1 botte de ciboule
1 botte de coriandre
1 cuillerée à soupe d'échalotes frites
2 cuillerées à soupe de sauce nuoc-mâm
1 cuillerée à café de sel

ASTUCE

C'est la recette que ma mère me faisait lorsque j'étais malade.
Et ça me réussissait bien !

Bouillie de riz au poulet

Cháo gà

Pelez l'oignon, piquez-le avec une fourchette et brûlez-le au-dessus du gaz ou d'une flamme jusqu'à ce qu'il noircisse.

Dans une marmite, déposez le poulet entier avec l'oignon grillé, la moitié de la botte de ciboule, le sel et la sauce nuoc-mâm. Couvrez d'eau et faites mijoter à feu doux pendant 1 heure.

Récupérez le poulet et effilochez la chair. Filtrez le bouillon.

Dans une casserole, déposez le riz puis versez 2,5 litres de bouillon de poulet filtré. Faites cuire à feu doux pendant 30 minutes en remuant régulièrement.

Ciselez le reste de ciboule. Effeuillez la coriandre.

Servez cette bouillie de riz parsemée de poulet effiloché, d'échalotes frites, de ciboule ciselée et de coriandre.

Nouilles sautées au bœuf

Mì xào thịt bò

Préparation : 10 minutes
Cuisson : 10 minutes

Pour 4 personnes

200 g de nouilles de blé
400 g de bavette de bœuf
1 oignon
1 gousse d'ail
2 tiges de ciboule
2 cuillerées à soupe de sauce soja
2 cuillerées à soupe de sauce nuoc-mâm
Huile de tournesol
Sel, poivre

Faites cuire les nouilles dans une grande casserole d'eau bouillante pendant 3 à 5 minutes (selon les indications du paquet). Passez-les sous un filet d'eau froide et égouttez-les.

Coupez la bavette en fines lamelles. Épluchez et émincez l'oignon et l'ail. Ciselez la ciboule.

Dans une poêle, faites chauffer un filet d'huile de tournesol puis faites dorer l'oignon et l'ail. Ajoutez la viande puis les sauces nuoc-mâm et soja. Faites revenir 3 minutes à feu vif. Salez et poivrez généreusement.

Ajoutez les nouilles dans la poêle et faites sauter encore 3 minutes. Dressez et parsemez de ciboule.

Nouilles sautées aux crevettes

Mì xào tôm

Préparation : 10 minutes
Cuisson : 10 minutes

Pour 4 personnes

200 g de nouilles de riz
400 g de crevettes crues
1 oignon haché
2 gousses d'ail hachées
4 brins d'aneth ciselés
1 cuillerée à soupe de poudre de saté
2 cuillerées à soupe de sauce nuoc-mâm
Huile de tournesol

Faites cuire les nouilles dans une grande casserole d'eau bouillante pendant 1 à 2 minutes (selon les indications du paquet). Passez-les ensuite sous un filet d'eau froide puis égouttez-les.

Décortiquez les crevettes.
Dans une poêle, faites dorer l'oignon et l'ail avec un filet d'huile de tournesol à feu vif. Ajoutez les crevettes avec la sauce nuoc-mâm et le saté puis faites sauter 3 minutes. Ajoutez les nouilles de riz et faites encore sauter 3 minutes. Dressez et parsemez d'aneth.

Riz sauté

Riz sauté à la tomate

Riz à la sauce Maggi®

Riz sauté aigre-doux à la crevette

Riz sauté à la tomate

Cơm rang cà chua

Préparation : 10 minutes
Cuisson : 25 minutes

300 g de riz parfumé
3 œufs
2 tomates
300 g de tomates pelées
5 brins de ciboulette
1 cuillerée à soupe de concentré de tomate
2 cuillerées à soupe de sauce nuoc-mâm
Huile de tournesol
Sel, poivre

Faites cuire le riz à la casserole ou à l'autocuiseur (voir recette p. 24).

Coupez les tomates fraîches et les tomates pelées en dés.

Ciselez la ciboulette.

Dans une poêle sur feu vif, versez un filet d'huile de tournesol. Cassez directement les œufs dans la poêle et remuez avec une cuillère en bois pour faire des œufs brouillés.

Ajoutez ensuite le riz parfumé cuit, les tomates pelées, le concentré de tomate et la sauce nuoc-mâm. Faites sauter le tout pendant 5 minutes.

Assaisonnez généreusement de sel et poivre. Dressez puis parsemez de dés de tomates fraîches et de ciboulette.

Ajoutez des dés de jambon pour rappeler le riz cantonais.

Riz sauté

Cơm rang

Préparation : 10 minutes
Cuisson : 25 minutes

300 g de riz parfumé
3 œufs
200 g de saucisse lap xuong
1 oignon
1 carotte
5 brins de ciboulette
2 cuillerées à soupe de sauce nuoc-mâm
Huile de tournesol
Sel, poivre

Faites cuire le riz à la casserole ou à l'autocuiseur (voir recette p. 24).

Pelez et émincez l'oignon. Ciselez la ciboulette.

Épluchez la carotte et, à l'aide d'un économe, détaillez-la en tagliatelles. Découpez la saucisse en tranches.

Dans une poêle sur feu vif, versez un filet d'huile de tournesol. Cassez directement les œufs dans la poêle et remuez avec une cuillère en bois pour faire des œufs brouillés.

Ajoutez ensuite le riz parfumé cuit, l'oignon, les tagliatelles de carotte, la sauce nuoc-mâm et les tranches de saucisse.

Faites sauter le tout pendant 5 minutes.

Assaisonnez généreusement de sel et poivre. Dressez et parsemez de ciboulette.

Pour encore plus de saveur, vous pouvez ajouter quelques gouttes d'huile de sésame en fin de cuisson.

Riz à la sauce Maggi®

Cơm maggi

Préparation : 10 minutes
Cuisson : 25 minutes

300 g de riz parfumé
4 cuillerées à soupe de sauce Maggi®
100 g de beurre en dés

Faites cuire le riz à la casserole ou à l'autocuiseur (voir recette p. 24).

Disposez sur le riz chaud les dés de beurre et arrosez avec la sauce Maggi®. Servez aussitôt.

Au Vietnam, cette garniture très régressive me servait également... de goûter !

Riz sauté aigre-doux à la crevette

Cơm rang tom

Préparation : 10 minutes
Cuisson : 30 minutes

300 g de riz parfumé
200 g de crevettes crues
1 oignon
1 gousse d'ail
5 brins de ciboulette
6 cuillerées à soupe de sauce aigre-douce (voir recette p. 30)
Huile de tournesol

Faites cuire le riz à la casserole ou à l'autocuiseur (voir recette p. 24).

Pelez et ciselez l'oignon. Pelez et hachez la gousse d'ail. Émincez la ciboulette.

Versez un filet d'huile de tournesol dans un wok et faites sauter les crevettes avec l'oignon et l'ail pendant 5 minutes à feu vif. Ajoutez ensuite le riz cuit et la sauce aigre-douce. Réduisez le feu et terminez la cuisson 5 minutes.

Dressez et parsemez de ciboulette émincée.

Vous pouvez remplacer la ciboulette par de l'aneth.

PANDAN ESSENCE
AROME PANDAN

DESSERTS

Traditionnellement, les desserts vietnamiens sont surtout des fruits coupés, accompagnés de sel au piment. Plus que de vraiment terminer sur une note sucrée, cette fonction a surtout pour but de « nettoyer la bouche » après le repas. Le sucré se déguste souvent entre les repas, dans les guinguettes de rue, lors d'une pause, pour une gourmandise ou le goûter. Néanmoins, avec l'influence occidentale, les desserts prennent souvent de plus en plus de place et ces douceurs se trouvent aujourd'hui aisément à la fin d'un repas. Je vous livre ici mes desserts préférés.

Préparation : 15 minutes
Trempage : 1 nuit
Cuisson : 20 minutes

Pour 6 personnes

4 bananes plantain bien mûres
4 cuillerées à soupe de perles de tapioca
40 cl de lait de coco
4 cuillerées à soupe de cacahuètes grillées salées
1 gousse de vanille
2 cuillerées à soupe de graines de sésame blanc
5 cuillerées à soupe de sucre de canne

ASTUCE

Ce dessert est délicieux tiède mais aussi bien froid.

Dessert à la banane

Chè chuối

La veille, faites tremper les perles de tapioca dans un bol d'eau froide.

Le jour même, égouttez les perles de tapioca et plongez-les dans une grande casserole d'eau froide. Portez à ébullition en remuant régulièrement puis baissez le feu et laissez cuire 10 minutes. Égouttez les perles de tapioca et déposez-les dans un bol d'eau froide.

Pelez les bananes et coupez-les en rondelles.
Dans une casserole, faites bouillir le lait de coco avec 20 cl d'eau. Ajoutez les bananes, le sucre ainsi que la gousse de vanille fendue dans la longueur et grattée. Faites cuire pendant 10 minutes. Éteignez le feu et laissez refroidir.

Égouttez les perles de tapioca et mélangez-les aux bananes.

Servez ce dessert parsemé de graines de sésame et de cacahuètes grillées concassées.

Cette recette fonctionne aussi très bien avec des pommes et des poires coupées en dés qui seront ainsi pochées dans le lait de coco.

Préparation : 5 minutes
Cuisson : 3 minutes

Pour 1 personne

1 cuillerée à soupe bombée de café moulu
2 cuillerées à soupe de lait concentré sucré
15 cl d'eau
Glaçons

Café au lait glacé

Cà phê sữa đá

Faites bouillir l'eau.

Dans le fond d'un verre, versez le lait concentré. Placez le filtre à café vietnamien sur le verre et déposez le café moulu à l'intérieur. Versez par-dessus un peu d'eau bouillante. Disposez le tasseur. Ajoutez délicatement le reste d'eau et placez le capuchon. Laissez tout le café s'écouler.

Recouvrez le verre de glaçons et dégustez.

Le café vietnamien est composé d'un filtre, d'un tasseur de café et d'un capuchon. Ce café se déguste partout au Vietnam à toute heure.
Mon petit péché mignon est d'y ajouter à la fin… une boule de glace vanille !

Préparation : 20 minutes
Marinade : 1 nuit
Cuisson : 40 minutes

Pour 4 personnes

200 g de châtaignes d'eau en boîte
50 cl de lait de coco
45 cl d'eau
1 cuillerée à soupe bombée de farine de tapioca
8 g d'agar-agar
1 cuillerée à café d'arôme de pandan
Sirop de grenadine
Colorant vert
200 g de sucre de canne
Sel

Dessert aux 3 couleurs

Chè ba màu

La veille, coupez les châtaignes d'eau en dés. Déposez-les dans un bol et recouvrez-les de grenadine à hauteur.

Dans une casserole, portez 25 cl d'eau à ébullition avec l'agar-agar et l'arôme de pandan. Lorsque l'agar-agar est dissous, éteignez le feu. Ajoutez quelques gouttes de colorant vert et mélangez. Placez les châtaignes et la préparation au pandan toute une nuit au réfrigérateur.

Le jour même, dans une casserole, faites bouillir le lait de coco avec 2 pincées de sel. Dès ébullition, éteignez le feu.

Dans une autre casserole, faites chauffer le sucre de canne avec 20 cl d'eau. Laissez bouillir ce sirop 10 minutes.

Égouttez les châtaignes d'eau à la grenadine et déposez-les dans un cul-de-poule. Saupoudrez-les de farine de tapioca et secouez pour bien les enrober. Placez-les dans une casserole d'eau bouillante et faites cuire 20 minutes. Égouttez-les et passez-les sous un filet d'eau froide.

Démoulez la gelée de pandan et découpez-la en petites lamelles. Dans un verre haut, disposez un fond de vermicelles verts. Ajoutez des châtaignes rouges et garnissez de sirop au sucre de canne. Terminez par du lait de coco légèrement salé.

Ce dessert peut se manger tiède tout aussi bien que glacé (n'hésitez pas à rajouter de la glace pilée dans le verre si vous êtes impatient de le déguster).

Préparation : 15 minutes
Cuisson : 1 heure

Pour 6 personnes

6 œufs
40 cl de lait de coco
3 étoiles de badiane
2 pincées de bicarbonate de soude
220 g de sucre de canne

ASTUCE

Ce flan est encore meilleur si vous le laissez reposer une nuit au réfrigérateur avant de le déguster.

Flan coco

Bánh gan

Préchauffez le four à 180 °C (th. 6) avec, sur la grille, un moule à gâteau déposé dans un plat au bain-marie.

Dans une casserole, faites chauffer à feu doux le lait de coco avec le sucre et la badiane pendant 10 minutes. Retirez la badiane.

Dans un cul-de-poule, fouettez les œufs. Versez doucement le lait de coco. Ajoutez le bicarbonate de soude.

Sortez le moule du four. Versez l'appareil à flan, enfournez et faites cuire pendant 1 heure.

Préparation : 20 minutes
Cuisson : 30 minutes

Pour 6 personnes

4 œufs
40 cl de lait demi-écrémé
10 cl de lait de coco
1 gousse de vanille
150 g de sucre semoule

Flan au caramel vietnamien

Bánh flan

Préchauffez le four à 180 °C (th. 6).

Dans une casserole, faites fondre 50 g de sucre à sec sans remuer. Dès brunissement, ajoutez quelques gouttes d'eau pour stopper la cuisson, éteignez le feu et mélangez. Versez aussitôt ce caramel dans le fond de 6 ramequins.

Dans une autre casserole, faites chauffer le lait avec le lait de coco et la gousse de vanille fendue en deux et grattée pendant 10 minutes à feu moyen.

Dans un saladier, fouettez les œufs avec le sucre restant. Ajoutez le lait chaud à la vanille par-dessus et fouettez vivement.

Versez l'appareil à flan dans les ramequins. Déposez-les dans un grand plat rempli d'eau chaude aux deux tiers des ramequins. Enfournez et faites cuire 30 minutes. Laissez refroidir.

Préparation : 10 minutes
Cuisson : 30 minutes
Réfrigiration : 1 nuit

Pour 8 personnes

20 cl de lait de coco
20 cl de jus de pandan
60 cl d'eau
10 g d'agar-agar
100 g de sucre semoule

Gelée vietnamienne

Rau câu

Dans une casserole, fouettez 5 cl de lait de coco avec 2,5 g d'agar-agar, 10 cl de jus de pandan, 10 cl d'eau et 25 g de sucre. Portez à ébullition puis fouettez pendant 10 minutes. Versez cette préparation dans un moule à cake et placez 30 minutes au réfrigérateur.

Dans une casserole, fouettez 10 cl de lait de coco avec 5 g d'agar-agar, 40 cl d'eau et 50 g de sucre. Portez à ébullition puis fouettez pendant 10 minutes.

Retirez le moule du réfrigérateur et versez la seconde couche. Laissez refroidir 30 minutes au réfrigérateur.

Dans une casserole, fouettez le reste de lait de coco avec l'agar-agar, le jus de pandan, l'eau et le sucre restants. Portez à ébullition puis fouettez pendant 10 minutes.

Retirez le moule du réfrigérateur et versez la troisième couche. Laissez la gelée prendre toute une nuit au réfrigérateur avant de déguster.

Vous pouvez remplacer le jus de pandan par d'autres jus ou par la même quantité d'expresso.

Préparation : 10 minutes
Cuisson : 20 minutes

Pour 4 personnes

½ ananas Victoria
1 mangue
1 piment rouge
2 cuillerées à soupe de sel

Fruits au sel et au piment

Trái cây muối ớt

Pelez la mangue et coupez-la comme sur les photos à gauche.

Pelez l'ananas en veillant à ôter les yeux puis détaillez-le en bâtonnets.

Coupez grossièrement le piment. Dans un mortier, écrasez le piment avec le sel. Déposez-le dans un ramequin.

Répartissez les fruits dans des coupelles. Dégustez en trempant les fruits dans le sel au piment.

Ce mélange de saveurs est très particulier mais j'ai converti quasiment tout mon entourage ! Pour découvrir et apprécier cette nouvelle manière de déguster des fruits, goûtez d'abord un morceau de pomme fraîche après l'avoir saupoudré avec un peu de sel. Si le goût vous plaît, vous risquez de ne plus pouvoir vous passer de sel au piment !

Préparation : 15 minutes
Trempage : 1 nuit
Cuisson : 50 minutes

Pour 4 personnes

300 g de riz gluant
150 g de haricots mungo décortiqués
1 cuillerée à soupe de sucre semoule

Riz gluant aux haricots mungo

Xôi vo

La veille, faites tremper les haricots mungo dans un saladier d'eau froide toute la nuit. Faites également tremper le riz gluant dans l'eau froide toute la nuit.

Le jour même, faites cuire les haricots mungo dans une casserole d'eau bouillante pendant 20 minutes en remuant régulièrement. Égouttez-les et écrasez-les en purée.

Rincez le riz gluant trois fois et égouttez-le. Mélangez-le à la purée de haricots mungo et au sucre.

Faites cuire la préparation dans un panier vapeur garni de papier sulfurisé pendant 30 minutes.

Ce dessert très typique est délicieux chaud, saupoudré de sucre semoule et de cacahuètes grillées, salées et concassées.

Magasins asiatiques

Thanh Binh Jeune
18, rue Lagrange
75005 Paris
01 43 54 66 11

Big Store
81, avenue d'Ivry
75013 Paris
01 44 24 28 88

Tang Frères
48, avenue d'Ivry
75013 Paris
01 45 70 80 00

Paris Store
44, avenue d'Ivry
75013 Paris

Asian Market
www.asianmarket.fr

Yestore
www.yestore.eu/fr/

Restaurants vietnamiens

Phô Bida
36, rue Nationale
75013 Paris
01 53 79 01 61

Le Lotus
121, avenue d'Ivry
75013 Paris
01 53 61 00 61

Le Bambou
70, rue Baudricourt
75013 Paris
01 45 70 91 75

Tricotin
15, avenue de Choisy
75013 Paris
01 45 84 74 44

Khai Tri
93, avenue d'Ivry
75013 Paris
01 45 82 12 40